Bibliografische Information der Deutschen Nationalbibliothek:

Die Deutsche Bibliothek verzeichnet diese Publikation in der Deutschen National-
bibliografie; detaillierte bibliografische Daten sind im Internet über http://dnb.d-
nb.de/ abrufbar.

Impressum:

Copyright © 2016 GRIN Verlag
Druck und Bindung: Books on Demand GmbH, Norderstedt Germany
ISBN: 9783668793385

Dieses Buch bei GRIN:

https://www.grin.com/document/441035

Vanessa Jaschner

"Selbstmanagement – auf das richtige Mindset kommt es an!" Selbstmanagement am Beispiel des Züricher Ressourcen-Modell

GRIN Verlag

Einsendepräsentation

Modul: Selbstmanagement

Aufgabe 1

„Selbst- und Zeitmanagement im Studium:

Möglichkeiten und Grenzen"

Versendet am 03.11.2016 an das Prüfungssekretariat

SRH Fernhochschule Riedlingen

von

Vanessa Jaschner

Studiengang: Wirtschaftspsychologie

Inhaltsverzeichnis

Abbildungsverzeichnis

Abkürzungsverzeichnis

Abb.   = Abbildung

bzw.   = beziehungsweise

d.h.   = das heißt

f.   = folgende Seiten

ggf.   = gegebenenfalls

Hrsg.   = Herausgeber

inkl.   = inklusive

sog.   = sogenannt

vgl.   = vergleiche

ZRM   = Züricher Ressourcen Modell

Aufgabe 1a

Das Publikum setzt sich aus 25 Studierenden zusammen, die sich alle am Anfang ihres Fernstudiums befinden. Alle Zuhörer wünschen sich einen erfolgreichen Studienverlauf und Studienabschluss. Von dieser Präsentation wird daher erwartet, Selbst- und Zeitmanagement-Methoden aufgezeigt zu bekommen, welche helfen können, dieses Ziel in einer effizienten Art und Weise zu erreichen.

Da sich die Studierenden in Bezug auf Ihre momentane Lebenssituation, ihr Alter und Ihren Erfahrungen sehr unterscheiden, ist es für den Präsentierenden fundamental wichtig, sich diese Unterschiede bewusst zu machen.[1] Ziel ist es, jedem Zuhörer einen Nutzen aus den vorgestellten Selbst- und Zeitmanagement-Methoden zu vermitteln.

90% der Zuhörer machen das Studium berufsbegleitend und 30% haben eine Familie mit Kindern. Das Hauptinteresse beider Zielgruppen liegt darin, Methoden gezeigt zu bekommen, wie man die Work–Life-Balance trotz Mehrfachbelastung meistert, Aufgaben priorisiert und Ängste vor einer Überforderung abbaut.

Des Weiteren ist zu beachten, dass bereits fünf Personen ein Studium an einer Präsenzuniversität abgebrochen haben. Für diese Zuhörer ist es von besonderer Bedeutung herauszufinden warum der erstmalige Studienantritt nicht funktioniert hat und was daraus für den zweiten Versuch als Erkenntnis gewonnen werden kann. Aus diesem Grund wird dazu in der Präsentation näher auf die Aspekte „Selbstmanagement nach dem „Züricher Ressourcen Modell" (ZRM) eingegangen.

Eine Person hat bereits ein Chemiestudium erfolgreich abgeschlossen. Bei dieser Person wird der Fokus darauf liegen den Unterschied zwischen einem Fernstudium, im Gegensatz zu einem Vollzeitstudium, in Bezug auf Zeitmanagement zu erkennen.

---

[1] Vgl. Blod (2007), S. 34

Aufgabe 1b

Die Zielsetzung einer jeden Präsentation ist es zu informieren sowie ggf. zu überzeugen. Beim Informieren ist es wichtig dem Zuhörer einen Überblick zu verschaffen, damit er selbst zwischen verschieden dargestellten Optionen entscheiden kann. Die Zielsetzung beim Überzeugen liegt darin, dass die Zuhörer eine Variante einer anderen vorziehen. Ist die Zielsetzung festgelegt, kann entsprechend dazu die Kernbotschaft der Präsentation bestimmt werden.[2]

Das **Ziel** dieser Präsentation ist es, die Studienanfänger über diverse Selbst- und Zeitmanagement-Modelle und -Arbeitstechniken zu informieren. Darüber hinaus sollen die Studierenden motiviert und bestärkt werden, um schließlich ihr persönliches Selbstmanagementkonzept zur Erreichung Ihrer Ziele zu entwickeln.

Die **Kernbotschaft** der Präsentation ist, dass Selbstmanagement ein erlernbarer Prozess ist, der ein berufsbegleitendes Studium und die damit verbundene Mehrfachbelastung in Bezug auf Stress und Work-Life-Balance unterstützend begleiten soll.

Um diese Kernbotschaft präsentationsgerecht darzubieten, wird sie in eine kurze, prägnante Hauptaussage umformuliert, die in dieser Form Einzug in den Vortrag erhält.

„Selbstmanagement – auf das richtige Mindset kommt es an!"

Als Mindset definiert der Verfasser hier die persönliche Denkweise, die Einstellung, Bereitschaft zur Veränderung und die positive Herangehensweise an das Thema Selbstmanagement.

---

[2] Vgl. Blod (2007), S. 47

Aufgabe 1c

Konzeption der Präsentation

Als Präsentationsmedium habe ich PowerPoint gewählt. Die Folien dienen vor allem der visuellen Unterstützung des Themas, da durch bildhafte Darstellungen das Gedächtnis der Zuhörer 30% mehr behalten kann.[3]

Zur besseren Orientierung des Publikums wird neben dem Kurzzeitmedium PowerPoint auch mit einem Dauermedium, dem Flipchart, gearbeitet.[4] Eine Übersicht der vorzustellenden Themen wird während der gesamten Präsentation aufgestellt sein. Sollte sich der Zuhörer während des Vortrags verlieren, hilft diese sofort den Anschluss wieder zu finden.

Als Gesamtzeit der Präsentation wurden mir im Vorfeld 20 Minuten zugeteilt. Anhand dieser Vorgaben räume ich mir drei Minuten für den Beginn, 15 Minuten für die Kernelemente des Themas und zwei Minuten für die Zusammenfassung ein. Diese zeitliche Einteilung folgt der Faustregel, dass 15% der Zeit für die Einleitung, 75% für den Hauptteil und 10% für den Schluss geplant werden sollten.[5] Insgesamt trage ich zehn Folien vor.

Ich beginne die Präsentation mit einer Standardeinleitung, indem ich meine Person und den Titel der Präsentation kurz vorstelle. Daraufhin weise ich die Zuhörer auf einige formale Informationen hin, damit sie sich im Anschluss voll und ganz auf die Präsentation konzentrieren können.

Ich werde die Dauer der Präsentation nennen und darauf hinweisen, dass Fragen am Ende der Präsentation gestellt werden können, da sich im Verlauf der Präsentation manche ggf. selbst erklären. Deswegen werde ich die Zuhörer bitten sich Ihre Fragen zu notieren. Schreibmaterial ist dazu auf Ihrem Sitzplatz bereits ausgelegt. Des Weiteren informiere ich darüber, dass im Anschluss an

---

[3] Vgl. Seifert (2016), S. 11
[4] Vgl. Blod (2007), S. 45
[5] Vgl. Arenberg (2015), S. 59

die Präsentation ein ausführliches Handout mit weiteren Informationen und Literaturhinweisen verteilt wird.

Zum Einstieg in die Präsentation zeige ich die Titelfolie mit der Kernaussage: „Selbstmanagement – auf das richtige Mindset kommt es an!"

Die zweite Folie zeigt ein Bild, auf dem ein großer Berg und ein Wanderer, der sich noch am Fuße des Berges befindet, zu sehen sind. Diese spezielle Einleitung mittels eines Bildes wird als Heranführung, an das Thema Selbstmanagement genutzt.[6]

Ich bitte das Publikum sich den Aufbruch zu einer Bergbesteigung vorzustellen. Was müssten sie alles beachten und was hat das mit dem Thema Selbst- und Zeitmanagement zu tun?

Die Intention dieser Frage ist es, die Zuhörerschaft neugierig zu machen und zum Mitdenken anzuregen.[7] Ich notiere die Wortmeldungen stichpunktartig auf dem Flipchart. Dann löse ich den Bezug zum Selbstmanagement mit eigenen Ergänzungen, die vom Publikum nicht erwähnt wurden, auf.

Ein Beispiel dazu ist die Zeitplanung für die Bergbesteigung inkl. der Pausen oder die Planung des Equipments, was entsprechend zur Zeitplanung im Selbstmanagement oder zur Planung der eigenen Ressourcen gesehen werden soll.

Bei den hier verwendeten Techniken handelt es sich zum einen um eine Visualisierungstechnik und zum anderen um die sog. Storytelling-Technik. Gerade als Einstieg in eine Präsentation sind Visualisierungen sehr gut geeignet, da sie innerhalb kürzester Zeit wird die Aufmerksamkeit auf die Thematik lenken.[8] Das Interesse wird geweckt und die Studierenden sind gespannt, was dieses Bild mit dem Thema Selbstmanagement zu tun hat. Beim Storytelling versucht der Zuhörer intuitiv sich den Verlauf der Geschichte vorzustellen.[9]

---

[6] Vgl. Arenberg (2015), 60-ff.
[7] Vgl. Arenberg (2015), S. 61
[8] Vgl. Blod (2007), S. 96
[9] Vgl. Arenberg (2015), S.75

Während sprachliche Informationen in der linken Gehirnhemisphäre verarbeitet werden, findet die visuelle Verarbeitung auf der rechten statt. Durch die Aktivierung beider Gehirnhälften mittels dieser Methoden, findet eine bessere inhaltliche Verankerung im Gedächtnis statt. [10]

Durch die gedankliche Brücke zu einer Alltagssituation wird auf einfache Art und Weise veranschaulicht, dass das Thema „Zeit- und Selbstmanagement" in vielen Bereichen unseres Lebens als eine ganz normale „Vorbereitung und Herangehensweise" empfunden wird. Dementsprechend käme niemand je auf die Idee einen 4000m hohen Berg ohne entsprechende Vorbereitung zu besteigen. Ebenso verhält es sich beim Herangehen an die Extremsituation der Doppelbelastung durch ein Studium neben einer beruflichen Tätigkeit oder der zusätzlichen Anforderung einer Familie mit Kindern. Ohne eine entsprechende Herangehensweise durch Selbstmanagement kann es schnell passieren, dass der Studierende sich überfordert fühlt und das Gefühl hat den Anforderungen nicht gerecht zu werden. Mit dem entsprechenden Mindset und den entsprechenden Selbstmanagement-Techniken ist es zwar nicht einfach, aber dennoch möglich.

Die dritte Folie stellt die Gliederung des Hauptteils dar:

Einleitung

Hauptteil   Selbstmanagement - auf das richtige Mindset kommt es an!
- → Züricher Ressourcen Modell
- → Zeitmanagement Techniken
    - → Pareto-Prinzip
    - → ALPEN-Methode
- → Work-Life-Balance

Schluss   Selbstmanagement Manuals

---

[10] Vgl. Ditko/Engelen (1999), S. 58

Ich gehe die Gliederung kurz mündlich mit dem Publikum durch und beginne daraufhin mit dem Hauptteil. Hierzu lege ich die vierte Folie auf, die den Rubikon-Prozess und dessen einzelne Schritte darstellt.

Das Züricher Ressourcen Modell

Das Rubikon-Modell wurde bereits in den 90ziger Jahren von Heckhausen und Gollwitzer entwickelt.[11] "Beim Rubikon-Modell in seiner ursprünglichen Form handelt es sich um ein motivationspsychologisches Prozessmodell zielrealisierenden Handelns."[12] Von Storch und Krause wurde es um die Phase des „Bedürfnisses" ergänzt und ist seitdem unter dem Namen Rubikon-Prozess bekannt.[13] (Vgl. Abb. 1)

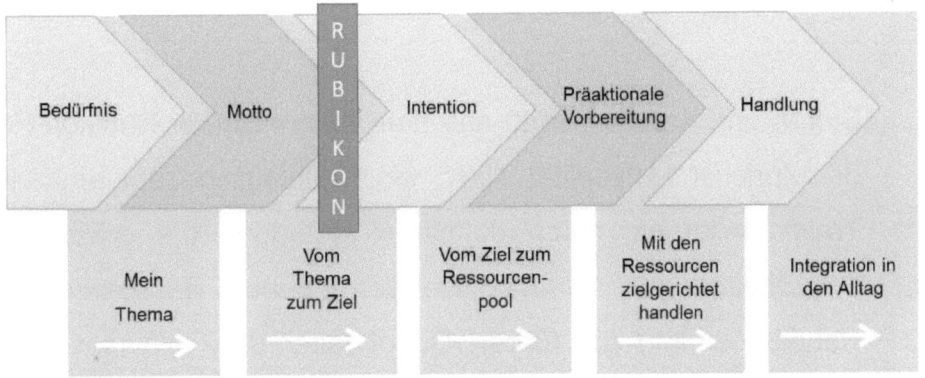

Abbildung 1:Eigene Darstellung

Der Rubikon-Prozess beschreibt einen Entwicklungsprozess vom Entdecken unbewusster Bedürfnisse über die Phasen der Motivations- und Intentionsbildung zur präaktionalen Vorbereitungsphase und schließlich zur Ausführung von zielorientierten Handlungen im Alltag. Nach Storch und Krause

---

[11] Vgl. Storch/Krause (2011), S. 85
[12] Storch/Krause (2011), S. 85
[13] Vgl. Storch/Krause (2011), S. 85

kann zielorientiertes Handeln nur dann erfolgreich langfristig umgesetzt werden, wenn das Ziel mit unserem Bedürfnis übereinstimmt.[14]

Auch V. Birkenbihl stimmt darin überein, dass jedem zielorientierten Verhalten ein Motiv, bzw. ein Bedürfnis vorausgeht.[15]

Der Rubikon-Prozess hat seinen Namen von dem italienischen Fluss Rubikon. Die Metapher dazu geht zurück auf Julius Caesar, der in seinen Feldzügen mit der Überschreitung des Flusses Rubikon einen Krieg auslöste. Dieser Zeitpunkt, der im Prozessmodel zwischen Motivations- und Intentionsbildung liegt, ist somit sinnbildlich für den Moment zu sehen, der eine Handlung auslöst.[16] Er wird mit großer Motivation und positiven Gefühlen kennzeichnend charakterisiert. [17] Diese emotionale Erfahrung, die schließlich über eine tatsächliche Aktion entscheidet, wird von Damasio mit dem Begriff des somatischen Markers belegt.[18]

Storch und Krause haben aus dem theoretischen Rubikon-Prozess-Modell, an der Züricher Universität 1991, ein Trainingskonzept entwickelt.[19] Ziel dieses Trainings ist es, durch definierte Methoden die erwünschten Ziele so zu entwickeln, dass sie mit Hilfe der eigenen Ressourcen zu zielgerichteten Handlungen im Alltag führen. Dabei bauen die Trainingsschritte auf die Phasen des Rubikon Prozesses auf. Die Phase mit der Bezeichnung "Thema" entspricht zum Beispiel dem Abschnitt der Bedürfnisentwicklung des Rubikon-Prozesses.[20]

Nach der Festlegung des Themas wird im ZRM ein Mottoziel formuliert. Mottoziele sind im Gegensatz zu Ausführungszielen in der Beschreibung breiter

---

[14] Vgl. Storch/Krause (2011), S. 90
[15] Vgl. Birkenbihl (2005), S. 72
[16] Vgl. Jochum/Jochum/Koch (2011), S.55
[17] Vgl. Storch/Krause (2011), 93
[18] Vgl. Jochum/Jochum/Koch (2011), S. 58
[19] Vgl. Storch/Krause (2011), S. 18
[20] Vgl. Storch/Krause (2011), S.111

angelegt. Ein Mottoziel wäre beispielsweise das Ziel „selbstbewusster werden". Weniger konkret formulierte Ziele reduzieren die Gefahr der Teilnehmer von zu hohen Ansprüchen an sich selbst und daraus folgend auch die Gefahr des Scheiterns. Des Weiteren sind breiter angelegte Ziele aufgrund der größer empfundenen Realisierbarkeit stärker motivierend. Durch die Formulierung des Ziels gewinnt dieses an Verbindlichkeit und setzt positive Energien frei. Das ist der Zeitpunkt an dem auch im ZRM der sinnbildliche Rubikon überschritten wird.[21]

Ist das Mottoziel formuliert, wird in der dritten Phase der entsprechende „Ressourcenpool" angelegt. Dieser soll als Unterstützung bei späterer Ausführung der gewünschten Handlungen dienen. Da erwünschte, neue Verhaltensweisen zu Beginn noch nicht über ein ausgebautes neuronales Netz verfügen, d.h. noch kein Automatismus zur neuen Verhaltensweise besteht, sollen Erinnerungshilfen wie Priming und Embodiment genutzt werden. Priming ist eine intuitive Reaktion in kognitiver oder emotionaler Form auf einen unbewussten Reiz.[22] Wird zum Beispiel jedes Mal zum Lernen eine Duftkerze mit Zitrusduft angezündet, so stellt das Unterbewusstsein einen Zusammenhang zwischen dem Riechen des Duftes und der Konzentrationsanstrengung her. In Folge dessen wird in Zukunft beim Riechen von Zitrusduft leichter in einen Lernmodus eingetreten, da sich das Unterbewusstsein gleich darauf einstellt. Embodiment beschreibt die Körperempfindung auf ein bestimmtes Vorhaben. Sollte es passieren, dass der Körper nicht in das Zielvorhaben mit integriert wird, so kann es sein, dass die entsprechende Körperreaktion, das s.g. Body-Feedback konträr zum Zielvorhaben abläuft. Dies wird als ein Gefühl der Hemmnis und der Stagnation wahrgenommen und kann das Gelingen der gewünschten Handlungsabsicht gefährden. [23]

---

[21] Vgl. Storch/Krause (2011), 138-ff.
[22] Vgl. Storch/Krause (2011), 156-ff.
[23] Vgl. Storch/Cantieni/Hüther/Tschacher (2011), S. 63

In der vierten Phase des ZRM soll der angelegte Ressourcenpool aktiviert werden. Dafür werden Ausführungsintentionen gebildet, die sich von der Zielintention darin unterscheiden, dass sie präziser, auf eine konkrete Handlung hin, formuliert werden. Ausführungsintentionen werden in der Form „Wenn-Dann" getroffen. "Ich beabsichtige in folgender Weise X zu tun, wenn Situation Y eintritt."[24] Ausführungsintentionen, die in Wenn-Dann-Form formuliert sind, haben eine größere Verbindlichkeit und helfen dabei den Startzeitpunkt für eine Handlung festzulegen.[25]

Die letzte Phase im ZRM ist die Integration in den Alltag. Um eine Umsetzung möglichst erfolgreich zu gewährleisten, werden im Training spezielle Übungen angeboten, um auf mögliche negative Reaktionen des sozialen Umfelds selbstbewusst zu reagieren und standhaft bei der Zielverfolgung zu bleiben.[26]

Nach dem Durchlaufen der fünf Phasen dieses Trainingskonzepts sind die Ziele soweit entwickelt, dass sie zu einem automatisierten Handlungsablauf im Alltag geworden sind.[27]

Das Modell überzeugt durch Ressourcenorientierung, die Integrationsabsicht der verschiedenen psychologischen Wissenschaften und die Transfereffizienz in den Alltag.[28]

Nachdem ich das ZRM erklärt habe, zeige ich rückblickend auf das Bild des Bergsteigers. Um das Verständnis der Zuhörer zu prüfen und um erneut zum aktiven Mitdenken anzuregen, wende ich die Fragetechnik an:[29] „Auf dem Weg zum Gipfel, wo würden Sie sich im Moment (also zu Beginn des Studiums) sehen? Welcher Phase des Rubikon-Prozesses würde dies entsprechen?"

---

[24] Storch/Krause (2011), S. 177
[25] Vgl. Storch/Krause (2011), 177-ff.
[26] Vgl. Storch/Krause (2011), 193-ff.
[27] Vgl. Jochum/Jochum/Koch (2011), S. 69
[28] Vgl. Storch/Krause (2011), S. 18
[29] Vgl. Seifert (2016), S. 56

Ich bitte die Studierenden sich diesen Punkt zu notieren, damit Sie nach der Veranstaltung eine Erinnerung, bzw. eventuell sogar einen Startpunkt haben, sich mit dem Thema zu beschäftigen.

Dann kehre ich zur Präsentation zurück und erkläre, dass ich im Folgenden noch bewährte Zeitmanagement-Techniken vorstellen werde.

Mit einem Mausklick animiere ich die Folie, die bisher nur den Rubikon-Prozess und die ZRM-Phasen dargestellt hatte. Nun erscheint zusätzlich ein Feld „Zeitmanagement-Techniken", unter welches sich die Punkte „Zielgerichtetes Handeln" und „Integration in den Alltag" einreihen. Mit diesem Aufbau soll veranschaulicht werden, dass Zeitmanagement-Techniken in diesem Stadium des ZRM-Trainings durchaus als Unterstützung herangezogen werden sollen. Es wird mittels der Darstellung eine Hierarchie erzeugt.[30]

Auf den folgenden zwei Folien stelle ich zum einen das Pareto-Prinzip und zum anderen die ALPEN-Methode dar. Beide Folien werden den Titel „Zeitmanagement-Techniken" tragen und sich nur im Untertitel unterscheiden. Die Darstellung der Techniken erfolgt grafisch, die Erklärung erfolgt verbal.

Zeitmanagement-Techniken und Work-Life-Balance

Selbstmanagement bedeutet auch immer eine Veränderungsbereitschaft für neue Verhaltensweisen.[31] In unserer zeitgetriebenen Welt werden täglich eine Vielzahl von Aufgaben von uns erwartet. Dieser Umstand macht es schwerer neue Verhaltensweisen konsequent umzusetzen. Denn insbesondere unter Druck ist es leicht in alte Verhaltensweisen zurückzufallen.[32] Daher ist es wichtig Techniken zur Hand zu haben, um die vorhandene Zeit effektiver zu nutzen und sog. Zeitfresser zu identifizieren und zu eliminieren.

---

[30] Vgl. Blod (2007), S. 49
[31] Vgl. Jochum/Jochum/Koch (2011), S. 18
[32] Vgl. Jochum/Jochum/Koch (2011), S. 23

Nachdem wir beim ZRM gesehen haben, wie man Bedürfnisse in zielorientiertes Handeln umleitet, gibt es noch weitere Techniken, welche die Umsetzung in automatisiertes, zeiteffektives Handeln unterstützen.

Das Pareto-Prinzip

Das Pareto-Prinzip ist eine Zeitmanagement-Technik, die von Vilfredo Pareto entwickelt wurde. Sie besagt, dass bereits 20% unserer wichtigen Aufgaben 80% des Ergebnisses ausmachen. Im Umkehrschluss heißt dies allerdings auch, dass 80% unserer alltäglichen Aufgaben einen vernachlässigbaren Effekt auf unsere Erfolgsbilanz haben. Um die zur Verfügung stehende Zeit also am effektivsten zu nutzen, müssen wir diejenigen Aufgaben identifizieren, die uns den größten Nutzen bringen. Zumeist sind dies auch die schwierigsten Aufgaben. Um zeiteffizient zu sein, muss sich also auf die schwierigsten, aber auch wichtigsten Aufgaben fokussiert werden. Die Übrigen können hinten angestellt werden, bzw. können vernachlässigt werden. [33]

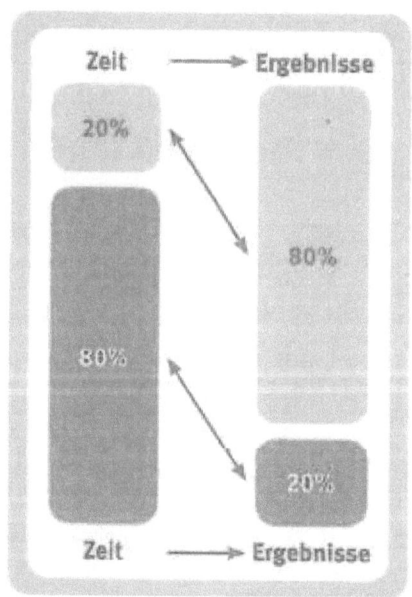

Abbildung 2: Pareto-Prinzip

Quelle: Seiwert (2014), S.27.

---

[33] Vgl. Seiwert (2014), S. 27

Die ALPEN-Methode

Die ALPEN-Methode ist eine sehr einfache Methode, welche die effektive Tagesplanung unterstützt. Die Vorbereitung dazu kann täglich, in unter zehn Minuten, erfolgen. Dabei werden die anfallenden Aufgaben des Tages nach deren Priorität und Aufwand unterteilt.

Das Wort ALPEN steht als Abkürzung für die Vorgehensweise der Methode:

A = seine Aufgaben für den Tag erfassen

L = Länge, bzw. Dauer der Aufgaben abschätzen

P = Pufferzeiten (circa 40%) einkalkulieren

E = Entscheidungen treffen, also Priorisieren

N = Nachkontrolle am Ende des Tages. [34]

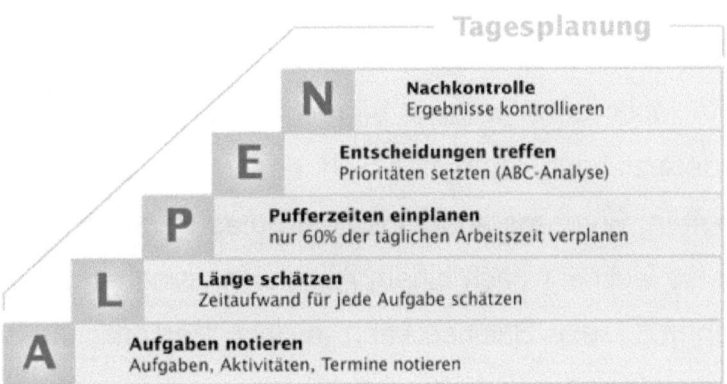

Abbildung 3: ALPEN-Methode
Quelle: teachsam (20.10.2016) URL: www.teachsam.de

Nicht erledigte Aufgaben werden in die Tagesplanung des nächsten Tages übernommen.

Wichtig ist dabei die Planung schriftlich zu erfassen, um im hektischen Alltag die Übersicht zu behalten und das Gedächtnis zu entlasten. Außerdem wirken selbst verfasste Pläne motivierend.[35]

---

[34] Vgl. Seiwert (2014), S. 34
[35] Vgl. Seiwert (2014), S. 34

Auf der letzten Folie wird abrundend das Thema Work-Life-Balance vorgestellt. Genau wie bei den vorherigen Folien zeige ich hierzu eine grafische Darstellung, in diesem Fall das Lebens-Balance-Modell von L. Seiwert. Die Erläuterungen erfolgen verbal.

Work-Life-Balance

Work-Life-Balance ist in aller Munde. Aber was bedeutet der Begriff Work-Life-Balance eigentlich?

Work-Life-Balance ist kein wissenschaftlicher Begriff, sondern beschreibt mehr ein gesamtes Themenfeld, dass sich mit dem Ausgleich zwischen Erwerbstätigkeit und Privatleben beschäftigt. Da bei der Begriffsverwendung im herkömmlichen Sinn das englische Wort „Work" für die Erwerbstätigkeit und das englische Wort „Life" für das Privatleben steht, könnte man davon ausgehen, dass das Privatleben den Ausgleich zur Arbeit herstellen sollte. Diese Annahme sollte aber sehr kritisch betrachtet werden, denn Familie und vor allem Kindererziehung kann natürlich ebenso zu einer Belastung führen, wie die Arbeit im Büro uns anderseits ein gutes Selbstwertgefühl vermitteln kann.[36] Es ist also vielmehr nach einem Ausgleich zwischen Körper, Geist und Psyche zu streben.[37] Diese Balance kann je nach Persönlichkeitstyp sehr unterschiedlich ausgeprägt sein. Der Ausgleich muss demnach individuell erarbeitet werden. Seiwert differenziert in seinem Lebens-Balance-Modell diese Theorie noch genauer indem er zwischen Körper, Sinn, Kontakt und Leistung differenziert.[38] (Vgl. Abb. 4)

---

[36] Vgl. Wiese (2007)
[37] Vgl. Linneweh (2006), S. 51
[38] Vgl. Seiwert/Tracy/Küstenmacher (2012), S. 70

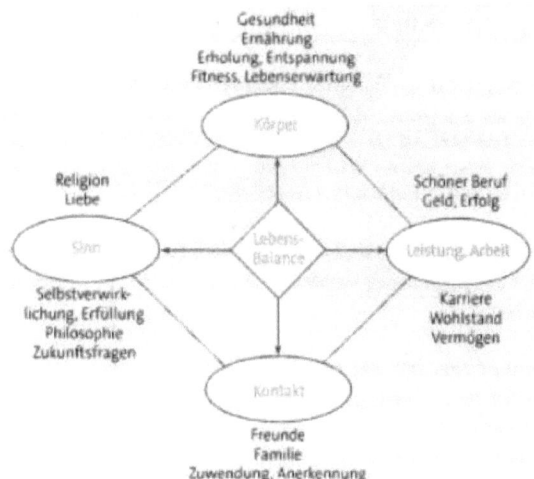

Abbildung 4: Lebens-Balance-Modell
Quelle: Seiwert/Tracy/Küstenmacher (2012), S.70

Diese Faktoren, die allesamt das menschliche Wesen ausmachen, stehen in einer wechselseitigen Beziehung zueinander. Eine Vernachlässigung in einem Bereich führt somit automatisch zu einem Ungleichgewicht und somit zu einer Unzufriedenheit.[39] Im schlimmsten Fall entsteht ein Gefühl der Überforderung, das sog. Burnout-Syndrom.[40] Die Lösung sieht Seiwert darin, darauf zu achten, dass die Bereiche sich ausgleichen.[41]

Ich nehme beim Vortragen hierbei Bezug auf den Beginn des Studiums und weise darauf hin, diesen Ausgleich während des gesamten Studienverlaufs beizubehalten. Um Ungleichgewichte zu identifizieren, wurde ja bereits das ZRM vorgestellt, das helfen kann die eigenen Bedürfnisse zu identifizieren.

Damit schließe ich die inhaltliche Vorstellung der Selbst- und Zeitmanagement Methoden ab und lege zum Schluss eine zusammenfassende Folie mit dem Titel „Selbstmanagement Manuals" auf. Diese gibt nochmals die Kernelemente und die Handlungsanweisungen zum Thema wieder.

---

[39] Vgl. Seiwert/Tracy/Küstenmacher (2012), S. 69
[40] Vgl. Linneweh (2006), S. 114
[41] Vgl. Seiwert/Tracy/Küstenmacher (2012), S. 73

Selbstmanagement Manuals

→ **Bedürfnis** (Thema) **identifizieren**

→ **Ziele definieren** die auf Bedürfnisse abgestimmt sind

→ Primes & Embodiments als **Unterstützung anlegen**

→ Unterstützung durch **Zeitmanagementtechniken aktivieren**

    → Tagespläne

    → Aufgaben priorisieren

→ **Auf Ausgeglichenheit** der Lebens- Balance **achten!**

Ich gehe alle Punkte nochmals stichpunktartig mit dem Publikum durch und schließe mit der Kernbotschaft, dass ein berufsbegleitendes Studium mit Hilfe dieser Selbstmanagement-Modelle und -Techniken und dem richtigen Mindset eine große Herausforderung, aber durchaus zu schaffen ist.

Ich bedanke mich für die Aufmerksamkeit und rege an mir Fragen zu stellen oder gemeinsam zu diskutieren.

Aufgabe 1d

Die hier dargestellte Folie (vgl. Abb. 5) ist die Kernfolie, die ich zur Darstellung des Themas "Selbstmanagement" verwende. Das darauf vorgestellte Modell und die Techniken sind in eine logische Kette zueinander gesetzt.[42] So soll ein Gesamtüberblick des Themas möglich sein. Die Folie ist so animiert, dass zu Beginn lediglich die einzelnen Schritte des Rubikon-Prozesses zu sehen sind, welche sich durch Klicken um das ZRM erweitern. Die Folie baut sich so auf, dass beim Voranschreiten der einzelnen Schritte der Zusammenhang zwischen dem Rubikon-Prozess und dem ZRM deutlich wird. Am Ende ergänzt sich die Folie noch mit den Hinweisen um die Zeitmanagement-Techniken. Diese sollten nach Meinung des Verfassers als unterstützendes Hilfsmittel mit in das ZRM-Training einbezogen werden.

---

[42] Vgl. Arenberg (2015), S. 79

Des Weiteren wurde bei der Gestaltung der Folie darauf geachtet, dass diese klar und verständlich ist. Hierzu wurde, wie bei allen Folien der Präsentation, nach dem Grundprinzip von Guy Kawasaki „Weniger ist mehr" oder auch die 10-20-30 Regel, vorgegangen. Die 10-20-30 Regel besagt, dass in einer Zeit von 20 Minuten nicht mehr als 10 Folien bei einer maximalen Schriftgröße von 30 gezeigt werden sollen.[43] Farblich habe ich darauf geachtet, dass die Farben miteinander harmonieren und nicht zu grell sind, da sie ansonsten den Blick von der eigentlichen Aussage ablenken.[44]

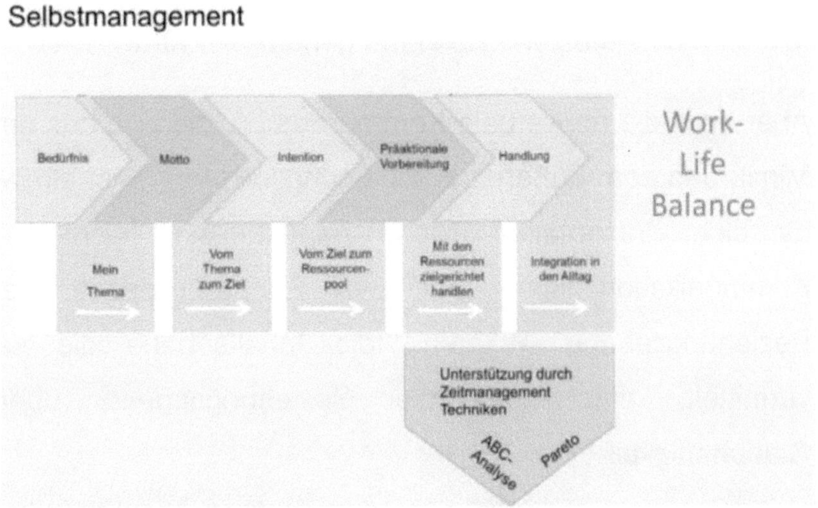

Abbildung 5: Eigene Darstellung

Aufgabe 1e

"Präsentationen gehören zu denjenigen Formen der Kommunikation, bei denen die Interaktion mit dem Publikum am stärksten ausgeprägt ist."[45]

Wie bereits an dieser Aussage zu erkennen ist, geht es beim Präsentieren um weit mehr als die pure Vermittlung von Sachinhalten.

---

[43] Vgl. Arenberg (2015), S. 94
[44] Vgl. Arenberg (2015), 97-ff.
[45] Blod (2007), S. 33

Es geht vor allem auch darum, **wie** die Inhalte vermittelt werden. Dabei gibt es einige Faktoren, die neben den inhaltlichen, wie zum Beispiel dem Aufbau, der Argumentationslogik und der Zeiteinteilung, zu beachten sind. Dazu gehören die Aspekte der para-verbalen Kommunikation, wie zum Beispiel die Sprache, also Sprechtempo und Dialekt, Sprechpausen und Lautstärke der Stimme.[46] Spricht der Vortragende zu leise oder in umständlichen Sätzen, so kann dies für den Zuhörer so ermüdend sein, dass er sich nicht mehr auf die eigentliche Sachthematik konzentrieren kann und folglich auch keine Information aus dem Vortrag mitnimmt. Hier kann im Vorfeld Abhilfe geschaffen werden, indem ein Mikrofon unterstützend zur Hand genommen wird.

Aber auch die nonverbale Kommunikation, die sich aus der Körpersprache, der Mimik und dem äußeren Erscheinungsbild formt, ist ein wichtiger Erfolgsfaktor für eine Präsentation. Diese Aspekte sind nicht zu unterschätzen, da Kommunikation immer auf zwei Ebenen verläuft, der Inhalts- und der Beziehungsebene. Während die Inhaltsebene die sachliche Information vermittelt, entscheidet die Beziehungsebene über Sympathie und Glaubhaftigkeit.[47]

Auf eine meist unbewusste Art und Weise sendet der Körper durch die Körperhaltung und über kleine Bewegungen und Mimik Signale und Informationen aus, die vom Empfänger interpretiert werden. Wenn verbale Information und nonverbale Kommunikation nicht übereinstimmen, dann entsteht eine nicht authentische Außenwirkung. Vorheriges Üben mit Feedback von Freunden und Kollegen oder mittels Videoaufzeichnungen kann Aufschluss über eventuelle Ticks geben, die man selbst vielleicht noch nie wahrgenommen hat. Wird beim Sprechen zum Beispiel nervös von links nach rechts gewackelt oder werden Füllwörter wie "ähhmmm" oder "also" benutzt, so kann man sich dessen im Vorhinein bewusst werden. Die Optimierung von Präsentationskompetenzen ist nur möglich, wenn man sich dieser Ticks

---

[46] Vgl. Arenberg (2015), S.38
[47] Vgl. Birkenbihl (2005), S.201

bewusst ist. Präsentieren ist also erlernbar und muss geübt und trainiert werden, um Sprache, Körperhaltung und Mimik zu koordinieren.[48]

Aufgabe 1f

Mit Erstellung dieser Arbeit konnte ich gleich mehrere Lernerkenntnisse gewinnen.

Dies war meine erste wissenschaftliche Arbeit, die ich je angefertigt habe. Zu Beginn hatte ich deswegen erhebliche Probleme mit der Herangehensweise.

Mir war anfangs nicht klar, in welcher Reihenfolge ich an die Aufgabenstellung herangehen sollte. Also hatte ich zunächst Literatur besorgt, um dann festzustellen, dass diese eigentlich nicht optimal zu meinem Thema passt. Genauso erging es mir bei der Erstellung der Gliederung, die ich einige Male wieder verworfen und neugestaltet habe. Die Lernerkenntnis, welche mir in Bezug auf die Erstellung einer wissenschaftlichen Arbeit kam, war das es absolut notwendig ist mit einer Methodik an das Thema heran zu gehen, sich also ein Ziel zu setzen. In diesem Falle war das Ziel, die Arbeit zu einem bestimmten Zeitpunkt fertig zu stellen. Mit dieser Planung war es mir leichter Zwischenschritte zu setzen und mich zu organisieren. Somit war diese Arbeit für mich im wahrsten Sinne des Wortes: „Selbstmanagement – Learning by doing!"

Bezüglich der Erstellung und der Vorbereitung von Präsentation hatte ich ebenso Lernerkentnisse. Im beruflichen Kontext war ich in der Vergangenheit des Öfteren schon mit der Aufgabe betraut gewesen, Präsentationen zu erstellen, welche dann von anderen Personen vorgetragen wurden. Mein Fokus lag dabei hauptsächlich auf der sachlichen Vermittlung des Inhalts. Auf eine logische Argumentationskette und auf die korrekte Platzierung der Kernbotschaft am Anfang und zusammenfassend am Ende der Präsentation hatte ich dabei nicht geachtet. Dieser Tatsache werde ich in Zukunft mehr

---

[48] Vgl. Bruno/Adamczyk (2005), 155-ff.

Beachtung schenken, um es den präsentierenden Personen leichter zu machen, die gewünschten Botschaften zu übermitteln. Sollte ich selbst in die Lage kommen, eine Präsentation zu halten, wird mir die Bedeutung der nonverbalen und der para-verbalen Kommunikation sicherlich im Gedächtnis geblieben sein und beim Vortragen bzw. in der Vorbereitung Beachtung finden.

Literaturverzeichnis

Arenberg P. (2015), Kreativitäts- und Präsentationstechniken. 4. Auflage. 0246-04, Studienbrief, SRH Riedlingen, Riedlingen.

Birkenbihl, V. F. (Hrsg.) (2005), Kommunikationstraining. Zwischenmenschliche Beziehungen erfolgreich gestalten, 26. Aufl., Heidelberg.

Blod, G. (2007), Präsentationskompetenzen. Überzeugend präsentieren in Studium und Beruf, Stuttgart.

Bruno, T./Adamczyk, G. (2005), Karrierefaktor Körpersprache. [überzeugen Sie durch Mimik, Gestik und Körperhaltung ; mit Übungen auf CD-ROM], Freiburg i. Br.

Ditko, P. H./Engelen, N. Q. (1999), In Bildern reden. So entdecken Sie Ihre rhetorische Kraft, München.

Jochum, I./Jochum, E./Koch, A. (2011), Selbstmanagement. 4. Auflage. 0247-04, Studienbrief, SRH Riedlingen, Riedlingen.

Linneweh, K. (2006), Betrauchtungsebenen des Persönlichkeitsmanagements. Leistung und Gesundheit. In: Hofmann, L. M./Linneweh, K./Streich, R. K. (Hrsg.), Erfolgsfaktor Persönlichkeit. Managementerfolg durch Leistungsfähigkeit und Motivation, München, S. 51–58.

Linneweh K. (2006), Bedeutung von "Persönlichkeit" für das Individuum und die Unternehmung. VIII. Risikofaktoren im Lebens- und Arbeitsstil. In: Hofmann, L. M./Linneweh, K./Streich, R. K. (Hrsg.), Erfolgsfaktor Persönlichkeit. Managementerfolg durch Leistungsfähigkeit und Motivation, München, S. 112–125.

Seifert, J. W. (2016), Visualisieren, Präsentieren, Moderieren, 37. Aufl., Offenbach.

Seiwert, L. (2014), Das 1 x 1 des Zeitmanagement. [Zeiteinteilung, Selbstbestimmung, Lebensbalance], 36. Aufl., München.

Seiwert, L./Tracy, B./Küstenmacher, W. T. (2012), Wenn du es eilig hast, gehe langsam. Mehr Zeit in einer beschleunigten Welt, 16. Aufl., Frankfurt/Main.

Storch, M./Cantieni, B./Hüther, G./Tschacher, W. (2011), Embodiment. Die Wechselwirkung von Körper und Psyche verstehen und nutzen, 2. Aufl., Bern.

Storch, M./Krause, F. (2011), Selbstmanagement - ressourcenorientiert. Grundlagen und Trainingsmanual für die Arbeit mit dem Zürcher Ressourcen Modell ZRM, 4. Aufl., Bern.

Wiese B.S. (2007), Work-Life-Balance. In: Moser, K. (Hrsg.), Wirtschaftspsychologie, Berlin, Heidelberg, S. 245–261.

Internetquellen

ALPEN-Methode
http://images.google.de/imgres?imgurl=http://www.teachsam.de/arb/zeitmanage
ment/images/AlpenMethode.png&imgrefurl=http://www.teachsam.de/arb/zeitma
nagement/zeitmanag_2_4_5.htm&h=391&w=459&tbnid=_NaLwicOYVswQM:&t
bnh=92&tbnw=108&docid=2PNs6zQ-
I2SiQM&client=safari&usg=__iwYVQDIN4q9V1Jsyqy_V0n7ueH4=&sa=X&sqi=
2&ved=0ahUKEwinl6DhmfjPAhVCJ8AKHZt9DjoQ9QEIODAE
(20.10.2016)